Herbert Read:

Philosophie des Anarchismus

D1732457

AHDE-Verlag

Reihe KONSTRUKTIV 5

Die Reihe **KONSTRUKTIV** ist eine Textreihe, die
zu historischen und zu Zeitproblemen aus frei-
heitlicher Sicht Stellung bezieht.

CIP - Kurztitelaufnahme der Deutschen Bibliothek

Read, Herbert:
Philosophie des Anarchismus/Herbert Read.
- Berlin: AHDE-Verlag, 1982.
  (Konstruktiv; 5)
  ISBN 3-8136-0014-9
NE: GT

Erste Auflage 1982
Copyright AHDE-Verlag GmbH, Postfach 129,
D-1000 Berlin 61
ISBN 3-8136-0014-9
Druck: DRUCK+WERBUNG, Berlin 61

INHALTSVERZEICHNIS

PHILOSOPHIE DES ANARCHISMUS

1. Über menschlichen Fortschritt

Die charakteristische politische Haltung unserer Zeit ist nicht ein positiver Glaube, sondern die Verzweiflung. Niemand glaubt im Ernst mehr an die politischen Philosophien der unmittelbaren Vergangenheit. Es gibt eine im Rückgang befindliche Minderheit von Menschen, die noch der Meinung sind, daß der Marxismus als ökonomisches System eine Alternative zum Kapitalismus darstellt, und der "Sozialismus" hat in der Tat in einem Land gesiegt. Aber dort hat er an der menschlichen Sklaverei nichts geändert. Der Mensch ist immer noch in Ketten. Das Hauptmotiv seines Lebenskampfes ist immer noch das wirtschaftliche, und daraus gehen naturnotwendig gerade wieder die sozialen Ungleichheiten hervor, denen man entfliehen wollte. Angesichts des doppelten Fiaskos des Kapitalismus und des Sozialismus hat die Verzweiflung der Massen auch im Faschismus Ausdruck gefunden, der eine revolutionäre Bewegung von rein negativem Charakter ist, und der in dem allgemeinen Chaos ein neues Regime anstrebt, dem die Machtausübung zum Selbstzweck wird. In dieser politischen Verwilderung irren die meisten Menschen planlos umher, und wenn sie nicht ihrer Verzweiflung Ausdruck geben, ziehen sie sich in eine Art privater Religiosität zurück. Andere aber glauben immer noch, daß eine andere Welt erbaut werden könnte, wenn die Menschen nur die ökonomischen Auffassungen überwinden könnten, die dem Kapitalismus und dem Sozialismus zugrunde liegen. Wollen wir diese neue Welt, so müssen wir Freiheit und Gleichberechtigung über alle anderen Werte stellen - höher als persönlichen Wohlstand, technische Macht und Nationalismus. In der Vergangenheit ist diese

Ansicht von den größten Sehern der Menschheit ausgesprochen worden, aber ihre wirklichen Anhänger befanden sich stets in einer verschwindenden Minderheit, besonders auf politischem Gebiete, wo diese Anschauungen unter dem Anarchismus bekannt sind. Vielleicht ist es ein taktischer Irrtum, eine alte, ewige Wahrheit mit einem so zweideutigen Namen zu belegen - aber ein Zustand "ohne Herrschaft" (die wörtliche Bedeutung des Begriffs) braucht durchaus nicht ein Zustand "ohne Ordnung" zu sein (eine Deutung, die dem Begriff oft untergeschoben wird). Wir wollen die historische Kontinuität und das Gefühl für philosophische Korrektheit nicht verleugnen. Alle vagen oder romantischen Gedankenverbindungen, die der Begriff des Anarchismus ausgelöst haben mag, sind vorübergehend. Die Lehre selbst ist und bleibt ein absoluter Wert, eine reine Idee; Tausende, wenn nicht Millionen von Menschen hängen im Innern instinktiv an dieser Vorstellungswelt und würden die Lehre akzeptieren, wenn sie klar ausgedeutet werden könnte. Eine Lehre muß einen allgemeinen anerkannten Namen haben. Ich will hier einen Versuch machen, die grundlegenden Prinzipien der politischen Philosophie zu definieren, die mit diesem Namen bezeichnet wird.

Beginnen wir mit einer sehr einfachen Frage: Was ist das Maß des menschlichen Fortschrittes? Wir brauchen nicht zu diskutieren, ob es einen solchen Fortschritt gibt oder nicht, denn auch wenn wir diese Frage verneinen, brauchen wir dazu einen Maßstab.

In der Entwicklung der Menschheit zeigte sich stets ein gewisser Grad von sozialem Zusammenhalt. Die frühesten Berichte über das Leben unserer Art deuten auf Gruppenorganisationen, die primitive Horde, nomadische Stämme, Siedlungen, Gemeinden, Städte, Nationen. Im selben Maße, wie diese Gruppen wuchsen und an Wohlstand und geistigem Niveau zunahmen, teilten sie sich auch in spezialisiertere Gruppen auf - soziale Klassen, religiöse Gesellschaften und Berufsverbände. Ist diese wachsende Kompliziertheit der Zusammensetzung, diese Gliederung an sich ein Zeichen des Fortschritts? Ich glaube nicht, soweit es sich um rein quantitative Strukturveränderungen handelt. Aber wenn es sich um eine Aufteilung der Menschen nach ihren spezifischen Fähigkeiten handelt, so daß der Starke eine Arbeit leistet, die Kraft erfordert, der Geschickte Gelegenheit bekommt, seine Begabung oder seine Empfindsamkeit in den Dienst seiner Tätigkeit zu stellen, dann wird die Gemeinschaft dadurch befähigt, den Kampf für ein qualitativ besseres Leben zu führen.

Diese Gruppen in der Gesellschaft können danach unterschieden werden, ob sie, etwa wie eine Armee oder ein Orchester, wie ein einziger Körper handeln, oder ob sie sich nur vereinigen, um gemeinsame Interessen zu verteidigen, während sie sonst als einzelne und getrennte Individuen fungieren. In dem einen Fall handelt es sich dann um eine Zusammenfügung unpersönlicher Einheiten zu einem Ganzen mit einem einzigen bestimmten Zweck; in dem anderen um eine Beschränkung individueller Tätigkeit zum Zwecke gegenseitiger Hilfe.

Der erste Typ einer Gruppe - die Armee, zum Beispiel - ist historisch der ursprünglichere. Auch geheime Verbände von Medizinmännern treten bereits zeitig auf, aber diese Gruppen gehören tatsächlich auch zum ersten Typ; sie handeln mehr als Gruppe als durch ihre Individuen. Der zweite Typ der Gruppe - die Organisation von Einzelnen zum Zwecke der Förderung gemeinsamer Interessen - findet sich erst auf einer späteren Stufe der gesellschaftlichen Entwicklung. Was ich betonen möchte ist, daß das Individuum in den ursprünglichen Gesellschaften nur eine Nummer ist; in höher entwickelten sozialen Gemeinschaften ist es eine unabhängige Persönlichkeit.

In diesem Zusammenhang will ich wieder vom Maßstab des Fortschritts sprechen. Fortschritt kann am Grade der Differenzierung im Rahmen der gesellschaftlichen Ordnung gemessen werden. Ist das Individuum nur eine Einheit in einer festen Masse, so ist das Leben nicht nur tierisch und kurz, sondern auch stumpf und mechanisch. Ist aber das Individuum eine selbständige Einheit mit Raum und Möglichkeiten für eigenes Wirken, dann kann es gewiß in stärkerem Maße von Zufall und Chance abhängig sein, aber es kann jedenfalls wachsen und sich selbst zum Ausdruck bringen. Es kann sich entwickeln – Entwicklung im einzig wirklichen Sinne des Wortes verstanden, nämlich als Zunahme an Kraft, Lebenswillen und Glücksgefühl.

All dies sind vielleicht sehr elementare Feststellungen, aber im Grunde handelt es sich um Fragen, in denen sich die Menschen in zwei entgegengesetzte Lager teilen. Man könnte denken, daß es jedermanns natürlicher Wunsch sei, sich zu einer unabhängigen Persönlichkeit zu entwickeln, aber es ist offenbar nicht so. Je nach spezifischer ökonomischer oder psychologischer Veranlagung gibt es zahlreiche Menschen, die sich hinter Ziffern sicher fühlen, die ihr Glück in der Anonymität suchen, deren Gefühl für Menschenwürde in der Anpassung an die Routine ihren Ausdruck findet. Sie verlangen nach nichts anderem, als Schafe unter der Obhut eines Hirten, Soldaten unter Führung eines Hauptmannes, Sklaven unter der Diktatur eines Tyrannen zu sein. Die wenigen, die wachsen und sich ausehnen wollen, müssen bei diesem Stand der Dinge die Hirten, Hauptleute oder Führer derer werden, die durchaus Gefolgschaft sein wollen.

Solche servilen Menschen gibt es zu Millionen, aber wiederum will ich nun fragen: was ist das Maß des Fortschritts? Und wieder antworte ich, daß es Fortschritt nur in dem Maße geben kann, als der Sklave frei wird und die Persönlichkeit zum Ausdruck kommt. Der Sklave kann glücklich sein, aber Glück ist nicht alles. Ein Hund oder eine Katze können glücklich sein, aber wir können daraus nicht den Schluß ziehen, daß sie menschlichen Wesen überlegen seien – obwohl Walt Whitman in einem sehr bekannten Gedicht sie zu Vorbildern erhebt. Fortschritt wird durch Reichtum und Intensität der Erfahrung bestimmt – durch erweiterten und vertieften Sinn für Bedeutung und Inhalt der menschlichen Existenz.

Dies ist in der Tat auch, bewußt oder unbewußt, die Meinung aller Historiker und Philosophen. Der Wert einer Zivilisation oder Kultur wird niemals an ihrem materiellen Reichtum oder ihrer militärischen Machtentfaltung gemessen, sondern an der Qualität und den Leistungen ihrer repräsentativen Individuen, ihrer Philosophen, Dichter und Künstler.

Wir können darum nun unsere Definition des Fortschritts schon etwas genauer umschreiben. Fortschritt, können wir sagen, ist die gradweise Differenzierung der Einzelnen in der Gesellschaft (es kann hier bemerkt werden, daß dies auch Platons Auffassung des Fortschritts in seiner "Republik" ist). In der langen Geschichte der Menschheit muß die Gruppe als ein Vorteil, als ein Hilfsmittel der Entwicklung betrachtet werden. Sie dient als Mittel zur Erhöhung der Sicherheit und für die Verwirklichung materiellen Wohlstandes: sie ist eine notwendige Bedingung für das Zustandekommen von Zivilisation. Aber der nächste Schritt, durch den die Zivilisation den Rang der Kultur erhält, wird nur verwirklicht durch eine Zellenteilung, in deren Verlauf sich das Individuum absondert, anders wird und Unabhängigkeit gegenüber der Gruppe erwirbt. Je weiter eine Gesellschaft fortschreitet, in desto stärkerem Maß gerät das Individuum in den Gegensatz zu Gruppen.

2. Individuum und Gesellschaft

Zu gewissen Zeiten der Weltgeschichte ist die menschliche Gesellschaft sich ihrer Persönlichkeiten bewußt geworden, oder besser gesagt, es wurden soziale und wirtschaftliche Bedingungen herausgebildet, die die freie Entwicklung der Persönlichkeit erlaubten. Die große Ära der griechischen Zivilisation ist eine Zeit der hervorragenden Persönlichkeiten der griechischen Dichtung, der griechischen Kunst und der griechischen Rhetorik; trotz der Institution der Sklaverei kann diese Epoche im Vergleich mit den früheren Jahrhunderten als ein Zeitalter der politischen Befreiung bezeichnet werden.

Unserer Zeit näher ist die sogenannte Renaissance, die durch die alte hellenische Zivilisation inspiriert wurde, und die zu einem noch klareren Bewußtsein des Wertes freier individueller Entwicklung vorstieß. Die europäische Renaissance ist eine Epoche politischer Verwirrung; aber trotz aller Tyrannei und aller Unterdrückung kann es nicht bezweifelt werden, daß auch diese Zeit im Verhältnis zu den voraufgehenden Jahrhunderten eine Periode der Befreiung war. Wieder einmal kommt das Individuum zu sich selbst, und die Künste wurden gepflegt und geschätzt wie nie zuvor. Noch wichtiger ist die wachsende Einsicht, daß der tatsächliche Wert einer Zivilisation von den Leistungen der sie zusammensetzenden Individuen abhängt. Zum ersten Male wird die Persönlichkeit als solche kultiviert, und von jener Zeit an ist es nicht mehr möglich, die Leistungen einer Zivilisation getrennt von den sie tragenden Einzelnen zu betrachten. Auch in den Wissenschaften neigen wir heute dazu, das Wachstum des Wissens in persönlichen und individuellen Leistungen zu begreifen, etwa auf einer Linie, die von Galilei zu Einstein führt.

Ich hege nicht den leisesten Zweifel, daß diese Form der Individuation eine höhere Stufe in der Entwicklung der Menschheit ist. Vielleicht stehen wir erst am Beginn dieser Phase – einige Jahrhunderte sind ein kurzer Zeitraum in einem biologischen Prozeß. Glaubensformen und Kasten und alle Formen intellektueller und gefühlsbedingter Gruppenbildung gehören der Vergangenheit an. Die Einheit der Zukunft ist das Individuum als eine in sich selbst ruhende, in sich selbst begrenzte und selbst-schöpferische Welt, die frei gibt und frei empfängt, und vor allem geistig frei ist.

Es war Nietzsche, der uns zuerst auf die Bedeutung des Individuums als eines Ausdrucks des Entwicklungsprozesses hinwies – in einem Entwicklungsprozeß, der erst am Beginn steht. Aber in Nietzsches Werken herrscht auch eine Verwirrung, die es zu vermeiden gilt. Daß es möglich ist, sie zu vermeiden, beruht vor allem auf den wissenschaftlichen Entdeckungen, die seit Nietzsches Tagen gemacht worden sind, so daß Nietzsche bis zu einem gewissen Grade freigesprochen werden kann. Ich meine die Entdeckungen der Psychoanalyse. Freud hat eins klargemacht: daß wir unsere Kindheit nur vergessen können, insofern wir sie in unserem Unterbewußtsein vergraben, und daß die Probleme dieser schwierigen Periode in versteckter Form ihre Lösung im Leben des Erwachsenen finden. Ich habe durchaus nicht die Absicht, die technischen Termini der Psychoanalyse in diese Diskussion hineinzutragen, aber es ist bewiesen, daß die irrationale Verehrung, die eine Gruppe ihrem Führer entgegenbringen kann, einfach eine Übertragung gefühlsmäßig betonter Beziehungen ist, die im Familienkreise aufgelöst oder verdrängt worden sind. Wenn wir einen König als "den Vater des Volkes" bezeichnen, so ist dieses Bild eine genaue Beschreibung dieses unbewußten Symbolismus. Außerdem übertragen wir auf dieses Oberhaupt alle denkbaren Tugenden, die wir selbst gern besitzen würden – es handelt sich hier um eine Umkehrung des Prozesses, der bei einem "Prügelknaben" stattfindet, an dem wir unsere Schuldgefühle auslassen.

Nietzsche, in diesem Punkte einig mit den modernen Diktatoren, sah diese Unterschiede nicht klar, und er ist imstande, eine Gestalt als Übermenschen zu preisen, die lediglich durch die unbewußten Wünsche einer Gruppe zu anormaler Größe aufgeschwollen ist. Der wahre Übermensch ist derjenige, der sich von der Gruppe entfernt hält – eine Tatsache, die allerdings Nietzsche in anderen Zusammenhängen ebenfalls hervorhebt. Wenn ein Individuum seiner selbst bewußt geworden ist – nicht nur seines "Eigentums" und des geschlossenen Kraftstroms seiner Wünsche und Möglichkeiten (ein Stadium, in dem es ein Egoist ist), sondern auch der Gesetze, die seine Reaktionen gegenüber der Gruppe bestimmen, der es angehört – dann ist es auf dem Wege, der neue Typ von Mensch zu werden, den Nietzsche den Übermenschen nannte.

Das Individuum und die Gruppe – das ist der Beziehungskreis, aus dem alle Kompliziertheit unserer Existenz entspringt und auch unser Bedürfnis, diese zu entwirren und zu vereinfachen. Das Bewußtsein selbst ist aus dieser Beziehung geboren, und ebenso alle Instinkte der Gegenseitigkeit und der Sympathie, die in Form der Moral kodifiziert werden. Die Moral ist, wie oft betont worden ist, früher da als die Religion, und moralische Instinkte entstehen in primitiven Formen auch bei Tieren. Religion und Politik treten später hinzu, um die instinktiven Beziehungen zur Gruppe zu definieren, und daraus entstehen schließlich die historischen Prozesse, die wir nur allzugut kennen, unter deren Verlauf Religion und Politik von Individuen oder Klassen monopolisiert und gegen die Gruppen angewendet werden, die sie eigentlich begünstigen sollten. Nun werden die Instinkte des Menschen, die bereits durch die bloße Tendenz, sie zu deformieren, entstellt wurden, völlig erstickt. Das organische Leben der Gruppe, ein sich selbst regulierendes Leben wie dasjenige aller natürlichen Einheiten, wird nun in den starren Rahmen des Gesetzes gepreßt. Es hört auf, Leben im wahren Sinne des Wortes zu sein, es fungiert stattdessen nur noch im Rahmen der Konvention, der Anpassung und der Disziplin.

3. Gesetz und/oder Gerechtigkeit

Hier muß jedoch ein Unterschied gemacht werden zwischen der Disziplin, die dem Leben von außen auferlegt wird, und der Gesetzmäßigkeit, die zu seinem Wesen gehört. Meine eigenen Kriegserlebnisse machten mich gegenüber dem Wert der Disziplin selbst auf demjenigen Gebiet mißtrauisch, auf dem sie oft als die einzig wesentliche Bedingung des Erfolgs betrachtet wird. Es war nicht Disziplin, sondern stattdessen zwei andere Eigenschaften, die ich Initiative und freie Vereinigung nennen möchte, die sich als wesentliche Grundlagen der Aktion herausstellten. Diese Eigenschaften werden individuell entwickelt, aber die mechanische Routine des Kasernengeistes tendiert dazu, sie zu zerstören. Der unbewußte Gehorsam, den Disziplin und Drill vermitteln sollen, zerbricht vor Maschinengewehrfeuer und explodierenden Geschosssen wie Eierschalen. Das Gesetz des Lebens ist von ganz anderer Art. Wir müssen, wie Nietzsche in "Jenseits von Gut und Böse" sagt, die einzigartige Tatsache erkennen, daß alle Freiheit, Grazie, Kühnheit und Meisterschaft, die existiert oder existiert hat, sei es als Gedanke, als Verwaltung, in der Rede oder im persönlichen Verhalten, sich nur durch die tyrannische Macht dieses Gesetzes entwickelt haben, das wahrscheinlich die Natur selbst ist. Daß "Natur" von "Gesetz" durchdrungen ist, ist eine Tatsache, die durch den Fortschritt der Wissenschaft immer klarer gemacht wird; wenn wir Nietzsche kritisieren müssen, dann nur deswegen, daß er dieses Gesetz tyrannisch nannte. Nicht das Gesetz der Natur ist willkürlich, gleichgültig in welcher Sphäre, sondern nur seine Auslegung durch den Menschen. Notwendig ist die Erkenntnis der wahren Gesetzmäßigkeiten der Natur und eine Lebensführung, die mit ihnen im Einklang steht.

Das allgemeinste Gesetz der Natur ist dasjenige der Billigkeit, der Rechtmäßigkeit, des Gesetz des Gleichgewichtes und der Symmetrie, das das Wachstum der Formen nach dem Gesichtspunkt der größtmöglichen strukturellen Effektivität lenkt. Es ist das Gesetz, welches dem Blatt wie dem Baum, dem menschlichen Körper wie dem ganzen Universum eine harmonische, funktionelle Form gibt, die zugleich als objektive Schönheit erkannt wird. Aber wenn wir von diesem Gesetz sprechen, entdecken wir ein merkwürdiges Paradox. Im Wörterbuch finden wir als Definition für "equity": "Appell an das Prinzip der Gerechtigkeit zum Zwecke der Korrektur oder Ergänzung des Gesetzes". Wie so oft, verraten uns die Worte, deren wir uns bedienen. Indem wir den hier zitierten Begriff benutzen, geben wir zu, daß das kodifizierte Recht, das uns der Staat auferlegt, nicht unbedingt identisch ist mit dem natürlichen oder gerechten Gesetz ist, und daß Prinzipien der Gerechtigkeit existieren, die den von Menschen formulierten Gesetzen übergeordnet sind – Prinzipien der Rechtmäßigkeit und der "fairness", die der natürlichen Ordnung des Universums eigen sind.

Dieses Prinzip der Rechtmäßigkeit wurde zuerst in der römischen Rechtswissenschaft definiert und durch Analogie aus dem physischen Wesen der Welt erschlossen. In einer klassischen Diskussion über diesen Gegenstand zeigte Sir Henry Main, daß der römische Begriff der aequitas, equity, in der Tat das Prinzip einer gerechten und gleichmäßigen Verteilung einschließt. "Natur" bedeutete (für die Alten) symmetrische Ordnung", schreibt dieser Autor, "zunächst in der physischen Welt, dann aber auch in der moralischen, und die frühesten Begriffe von Ordnung schlossen ohne Zweifel den Gedanken an gerade Linien, ebene Flächen, abgemessene Distanzen ein". Ich unterstreiche diesen rein physischen Ursprung des Begriffs, weil es absolut notwendig ist, zwischen den Gesetzen der Natur (die man im Interesse der Klarheit lieber die Gesetze des physischen Universums nennen sollte) und jener Theorie von einem ursprünglichen Naturzustand zu unterscheiden, dessen Annahme die Grundlage von Rousseaus gefühlsbetonter Gleichheitslehre ist. Maine bemerkt sehr trocken, daß es diese letzteren Vorstellungen sind, die jene großen Fehlschläge verursachten, an denen die Französische Revolution so reich war. Der Römer wollte durch sorgfältige Beobachtung der bestehenden Einrichtungen einige von ihnen besonders hervorheben, die schon Züge der natürlichen Ordnung, die man voraussetzte, zeigten, oder durch vernünftige Verbesserung dahin gebracht werden konnten, der Ordnung der Natur zu entsprechen. Rousseau dagegen glaubte an eine perfekte soziale Ordnung, die einfach aus der Beobachtung eines Naturzustandes der Gesellschaft abgeleitet werden konnte, der mit der bestehenden Ordnung nicht das geringste zu tun hatte. Der große Unterschied zwischen diesen beiden Betrachtungsweisen ist es, daß die eine die Gegenwart vollständig verdammt und erklärt, sie sei vollständig verschieden von einer idealen Vergangenheit; die andere dagegen geht davon aus, daß die Gegenwart genauso notwendig ist wie es die Vergangenheit war, und daß man sie nicht zensurieren und für wertlos erklären kann.

Ich behaupte nicht, daß der moderne Anarchismus eine direkte Beziehung zur römischen Rechtswissenschaft hat, aber ich behaupte, daß er sich eher auf die Gesetze der Natur gründet als auf einen sogenannten Naturzustand der Gesellschaft. Und gerade hier trennt sich der Anarchismus vom demokratischen Staatssozialismus, der auf Rousseau zurückgeht, den wahren Begründer des Staatssozialismus. Er gründet sich vielmehr auf Analogien, die von der Einfachheit und Harmonie natürlicher Gesetze abgeleitet sind, als auf die Annahme einer natürlichen Güte der menschlichen Natur. Dies hat Rocker in "Die Entscheidung des Abendlandes" klar nachgewiesen. Auch wenn der Staatssozialismus jedem nach seinen Bedürfnissen zu geben versucht, so ist ihm das Prinzip der Rechtmäßigkeit vollkommen fremd. Die Tendenz des modernen Sozialismus läuft darauf hinaus, ein geschlossenes System fester Gesetze zu schaffen, gegen das kein Anspruch auf Gerechtigkeit mehr erhoben werden kann. Das Ziel des Anarchismus dagegen ist es, das Prinzip der Rechtmäßigkeit so auszudehnen, daß es das staatliche Gesetz völlig überwindet.

Diese Unterscheidung war auch Bakunin klar, als er seine Forderung der Gleichheit formulierte. In ihr sah er die Grundlage der Freiheit, der Republik, der Wohlfahrt und des Friedens.

Natürlich bedarf ein System der Gerechtigkeit nicht weniger als ein auf Gesetzen aufgebautes System eines Apparates, der seine Prinzipien feststellt und verwaltet. Ich kann mir keine Gesellschaftsordnung ohne irgendeine Methode der Schiedsgerichtsbarkeit vorstellen. Aber ebenso, wie man von einem gerechten Richter erwartet, daß er auf universelle Prinzipien der Vernunft zurückgreift und das formale Gesetz ignoriert, wenn es in Konflikt mit diesen Prinzipien gerät, so wird der Richter in einer anarchistischen Ordnung zu den gleichen Prinzipien seine Zuflucht nehmen, die von der Philosophie oder dem Gemeinsinn bestimmt sind; und er wird es tun, ohne dabei von all den legalen und wirtschaftlichen Vorurteilen gehindert zu werden, die für die bestehende Gesellschaftsordnung charakteristisch sind.

4. Anarchismus – Mystik – Kritik

Man wird hier einweden, daß ich von mystischen Gemeinschaften spreche und daß ich mich auf idealistische Begriffe beziehe, die von allen guten Materialisten verworfen werden. Ich leugne es nicht. Was ich daran leugne, ist, daß man überhaupt eine dauernde gesellschaftliche Ordnung ohne ein mystisches Ethos errichten kann. Eine solche Feststellung wird die marxistischen Sozialisten vor den

Kopf stoßen, die trotz der von Marx selbst aus-
gesprochenen Warnungen meist naive Materialisten sind. Marx Theorie – ich nehme an, er
würde das selbst zugeben – war keine universelle Theorie. Sie nimmt nicht zu allen Tatsachen des Lebens Stellung; sie beschäftigt sich
mit einigen dieser Tatsachen in sehr oberfläch-
licher Weise. Marx wies mit Recht die unhisto-
rischen Methoden der deutschen Metaphysiker
zurück, die darauf ausgingen, die Tatsachen
an vorgefaßte Meinungen anzupassen. Ebenso
berechtigt war es, daß er den mechanischen
Materialismus des 18. Jahrhunderts ablehnte,
da dieser nicht die Natur der Dinge erklären
konnte, und vor allem, weil er den Prozeß der
historischen Entwicklung außer acht ließ, das
Universum als organischen Wachstumsprozeß.
Die meisten Marxisten vergessen die erste The-
se über Feuerbach, die lautet (aus dem Englischen rückübersetzt):"Der Hauptfehler alles
bisherigen Materialismus, Feuerbachs Lehre mit-
eingerechnet, ist es, daß das Objekt, die Wirklichkeit, die Sinnlichkeit nur in der Form des
Objektes begriffen werden, aber nicht als sinnliche menschliche Tätigkeit und Praxis, nicht
subjektiv". Wenn es sich darum handelte, die
Geschichte der Religion zu deuten, so wollte
Marx sie natürlich als ein soziales Produkt
aufgefaßt wissen; aber das bedeutet noch lange nicht, daß sie eine Illusion sein muß. Die
historischen Tatsachen weisen in Wirklichkeit
durchaus in die entgegengesetzte Richtung,
d.h. wir können die Religion als eine soziale
Notwendigkeit erkennen. Es hat niemals eine Zivilisation ohne eine entsprechende Religion gegeben, und das Vorherrschen von Rationalis-
mus und Skeptizismus ist immer ein Zeichen
von Verfall.

Es gibt einen allgemeinen Schatz von Vernunft, zu dem alle Zivilisationen ihren Teil

beitragen und zu dem eine Möglichkeit vergleichender Distanzierung von der besonderen Religion jeder Epoche gehört. Aber wenn man die historische Bedingtheit eines Phänomens wie der Religion anerkennt, so hat man es damit nicht aus der Wirklichkeit wegerklärt. Man verschafft dieser Erscheinung eher eine wissenschaftliche Erklärung, man erkennt sie als "eine sinnliche menschliche Tätigkeit" und wird kritisch gegen jede soziale Philosophie, die die Religion von der erstrebten Form der Gesellschaftsordnung ausschließt.

Nach vielen Jahren Staatssozialismus in Rußland ist es klar, daß eine neue Gesellschaftsordnung, die keine neue Religion entwickelt, allmählich zu der alten zurückkehrt. Der Kommunismus hat allerdings seine religiösen Züge, und abgesehen von der schrittweisen Wiederzulassung der Orthodoxen Kirche ist die Vergöttlichung Lenins (Heiliges Grab, Heiligenbilder, Schaffung einer Legende – alle typischen Elemente sind gegeben) ein bewußter Versuch, ein Betätigungsfeld für religiöse Emotionen zu schaffen. Noch viel systematischere Versuche, die äußeren Vorbedingungen für einen neuen Glauben zu Schaffen, wurden in Deutschland unter dem Nazismus unternommen, wo die Notwendigkeit einer Religion irgendwelcher Art offiziell niemals verneint worden ist. In Italien ist Mussolini intelligent genug gewesen, mit allen Mitteln eine Verständigung mit der vorherrschenden Kirche zu erstreben. Weit davon entfernt, diese irrationalen Aspekte des Kommunismus und des Faschismus lächerlich machen zu wollen, wollen wir sie nur wegen ihrer Primitivität kritisieren, wegen ihrer absoluten Gehaltlosigkeit vom ästhetischen und sinnlichen Gesichtspunkt, wegen der Armseligkeit ihres Rituals, und wegen ihrer völligen Verständnislosigkeit für die Bedeutung der Poesie und der

Imagination für das Leben der Gemeinschaft.

Wir können sicher sein, daß aus den Ruinen unserer kapitalistischen Zivilisation eine neue Religion emportauchen wird, genau wie das Christentum aus den Ruinen der römischen Zivilisation entstand. Der Sozialismus, so wie er von den pseudohistorischen Materialisten aufgefaßt worden ist, ist keine solche Religion, und er wird es niemals werden. Und obwohl von diesem Gesichtspunkt aus zugegeben werden muß, daß der Faschismus mehr Phantasie bewiesen hat, so ist er selbst doch nur eine Entartungserscheinung, eine defensive Reaktion gegen das Schicksal, das der heutigen Ordnung bevorsteht, so daß ein geistiger Überbau kein ernsthaftes Interesse verdient. Denn eine Religion ist niemals ein synthetisches Erzeugnis – man kann nicht die Legenden und Heiligen einer Religion aus einer mythischen Vergangenheit entlehnen und sie dann mit irgendwelchen politischen oder rassischen Glaubensvorstellungen vereinen, um einen praktischen neuen Glauben daraus zu machen. Ein Prophet wird geboren wie ein Dichter. Aber auch wenn ein Prophet auftaucht, ist noch längst keine Religion gegeben. Es hat fünf Jahrhunderte gedauert, ehe die Religion des Christentums aus der Botschaft Christi erstand. Diese Botschaft mußte geformt, erweitert und in hohem Grade entstellt werden, bis sie das wurde, was Jung das kollektive Unterbewußtsein genannt hat, dieser Komplex psychologischer Faktoren, der die zusammenhaltende Kraft einer Gesellschaftsordnung ausmacht. Religion kann in ihren späteren Stadien sehr wohl das Opium des Volkes werden; aber so lange sie vital ist, ist sie die einzige Kraft, die überhaupt ein Volk zusammenhalten kann, wenn die menschlichen Interessen aufeinanderprallen.

Ich nenne die Religion eine natürliche Autorität, obwohl sie gewöhnlich als übernatürliche Autorität definiert wird. Aber ihre Autorität ist natürlich im Verhältnis zur Struktur der gesellschaftlichen Ordnung, übernatürlich ist sie im Verhältnis zur Struktur des physischen Universums. Aber sie steht auf jeden Fall im Gegensatz zu der künstlichen Autorität des Staates. Der Staat erwirbt göttliche Autorität nur in dem Grad, in dem die Religion verfällt, und der große Kampf zwischen Kirche und Staat ist vom Gesichtspunkt des organischen Lebens der Gesellschaft schicksalsmäßig notwendig. Da der moderne Sozialismus gerade diese Wahrheiten nicht erkannt und sich stattdessen selbst an die tote Hand des Staates gebunden hat, ist er überall zur Niederlage verurteilt. Der natürliche Verbündete des Sozialismus war die Kirche, obwohl es, das sei zugegeben, unter den tatsächlichen Verhältnissen des 19. Jahrhunderts schwierig war, diese Tatsache zu erkennen. Die Kirche war so korrupt, so abhängig von den herrschenden Klassen, daß nur wenige erlesene Geister die Wahrheit hinter der scheinbaren Wirklichkeit entdecken und den Sozialismus als eine neue Religion konzipieren konnten, oder einfach als eine Reform des Christentums.

Es ist zweifelhaft, ob es heute noch einen solchen Weg von der alten Religion zu einer neuen geben kann. Das Christentum hat sich derart kompromittiert, daß eine wirkliche Reformation sehr drastisch sein müßte und kaum möglich erscheint. Es ist wahrscheinlicher, daß eine neue Religion Schritt für Schritt mit einer neuen Gesellschaft heranwächst, vielleicht in Mexiko, vielleicht in Spanien, vielleicht in den Vereinigten Staaten; es ist unmöglich zu sagen, weil Keime einer neuen Gesellschaft nirgends zu entdecken sind und ihre Geburt noch tief in der Zukunft verborgen liegt.

Ich will keineswegs das Christentum wiederbeleben - ich habe keine Religion zu empfehlen und wüßte auch keine andere, der ich selbst mich ergeben könnte. Ich weise nur auf die Lehre hin, die aus der Geschichte der Zivilisationen hervorgeht, nämlich daß die Religion ein notwendiges Element jeder organischen Gesellschaftsordnung ist. Und ich bin mir des langsamen Tempos der geistigen Entwicklung allzugut bewußt, als daß ich das Bedürfnis empfinden könnte, nach einer neuen Religion Ausschau zu halten - ich habe nicht die Hoffnung, eine solche entdecken zu können. Ich möchte mir nur eine Feststellung erlauben. Sowohl ihrem Ursprung nach wie in ihrer Entwicklung bis zur höchsten Höhe ist die Religion eng verbunden mit der Kunst. Religion und Kunst sind in der Tat, falls nicht verschiedene Ausdrücke des gleichen Bedürfnisses, so doch eng miteinander verwandt. Abgesehen von der wesentlich ästhetischen Natur des religiösen Rituals; abgesehen auch davon, daß die Religion auf die Kunst angewiesen ist, um ihre subjektiven Vorstellungen versinnlichen zu können, so kann auf die Tatsache der absoluten Identität zwischen den höchsten Formen des poetischen Ausdrucks und der Mystik hingewiesen werden. Einige Dichter, die zu den größten gehören: der heilige Franziskus, Dante, die heilige Therese, Blake, werden gleichzeitig als Dichter und als Mystiker betrachtet. Aus diesem Grunde könnte es wohl geschehen, daß die Ursprünge neuer Religionen eher in der Kunst als in moralischen Wiederbelebungsversuchen alter Religionen zu finden sein können. Es ist vielleicht nicht ohne Bedeutung, daß die charakteristischen Ausdrucksformen moderner Kunst - Picassos und Henry Moores Bilder - Symbole geschaffen haben, die am ehesten in den magischen Ausdrucksformen primitiver Religionen eine Parallele finden.

Was hat das alles mit Anarchismus zu tun? Nur dies: der Sozialismus marxistischer Tradition, das heißt der Staatssozialismus, hat sich selbst so völlig von den religiösen Quellen abgeschnitten, daß er zu kläglichen Methoden greifen mußte, um Ersatzmittel für die Religion zu finden, so daß im Vergleich dazu der Anarchismus, der nicht ohne gewisse mystische Züge ist, selbst als eine Religion erscheint. Es ist möglich, besser gesagt, es ist vorstellbar, daß eine neue Religion sich aus dem Anarchismus entwickelt. Während des spanischen Bürgerkrieges waren viele Beobachter betroffen von der religiösen Intensität der Anarchisten. In Spanien, diesem Lande einer möglichen Renaissance, hat der Anarchismus nicht nur Helden, sondern sogar Heilige hervorgebracht, eine ganz neue Rasse von Menschen, deren Leben in Hingabe besteht, sowohl in sinnlicher Phantasie und Praxis, woraus eine ganz neue Form menschlicher Gesellschaftsordnung entstehen könnte.

All dies sind tönende Phrasen eines Visionärs, wird man sagen, aber keineswegs die praktischen Akzente eines konstruktiven Sozialismus. Aber der Skeptizismus der sogenannten praktischen Menschen ist in Wirklichkeit ein destruktiver Faktor – er zerstört gerade die Kräfte, die allein eine sozialistische Gemeinschaft ins Leben rufen könnten. Es ist in den Jahren vor dem Kriege stets prophezeit worden, daß der Staatssozialismus, als visionäres Ideal, niemals verwirklicht werden könne. Abgesehen davon, daß sich alle industrialisierten Länder bereits seit einem Vierteljahrhundert in Richtung auf den Staatssozialismus entwickelt haben, so haben wir heute das Beispiel Rußlands, um zu beweisen, daß eine zentralistische Organisation der Produktion und Distribution tatsächlich möglich ist – unter der Voraussetzung, daß ihre visionären Anhänger rücksichtslos genug, unmenschlich genug sind, um dieses Ideal in die Wirklichkeit umzusetzen. Ich glaube nicht, daß diese besondere Form der sozialen Ordnung lange bestehen kann, ganz einfach deshalb, weil sie, wie ich schon angedeutet habe, nicht organisch ist. Aber wenn eine solche willkürliche (oder wenn man will auch logische) Form der gesellschaftlichen Ordnung überhaupt errichtet werden kann, und sei sie nur für eine Reihe von Jahren, wie so viel wahrscheinlicher ist es dann nicht, daß eine Gesellschaftsordnung, die nicht in Widerspruch zu den Gesetzen organischen Wachstums steht, entstehen und auch bestehen kann! Der Beginn einer solchen Wandlung geschah in Spanien, trotz des Bürgerkrieges, trotz der schlimmen Bedingungen, die von einem politischen Ausnahmezustand diktiert waren.

Ich habe hier nicht die Absicht, im Einzelnen auf die syndikalistischen Ideen über die Organisation der Produktion und Distribution einzugehen. Das allgemeine Prinzip ist klar: jede Industrie konstituiert sich zu einer Föderation selbstverwaltender Gemeinschaften; die Kontrolle jeder Industrie wird völlig in die Hände ihrer Arbeiter gelegt, und diese Kollektive verwalten das gesamte wirtschaftliche Leben des Landes. Es wird selbstverständlich so etwas wie ein industrielles Parlament entstehen müssen, dem es obliegt, die Beziehungen zwischen den verschiedenen Gemeinschaften zu regulieren und Fragen allgemein-politischer Natur zu entscheiden, aber dieses Parlament wird keine eigentlich administrative oder exekutive Institution sein. Es wird eine Art industriellen diplomatischen Dienstes aufbauen, Beziehungen festlegen und den Frieden bewahren, aber ohne gesetzgebende Privilegien zu besitzen. Es könnte außerdem eine entsprechende Körperschaft für die Interessen der Konsumenten geben, die sich mit Fragen der Preisbildung und der Verteilung befaßt.

Ganz gewiß wird es in so einem Falle eine unendliche Menge von Schwierigkeiten zu überwinden geben, aber das System ist einfach, verglichen mit der Monsterorganisation einer zentralisierten Staatskontrolle, die einen unmenschlichen Abgrund zwischen dem Arbeiter und der verwaltenden Macht aufreißt, woraus tausend unüberwindliche Schwierigkeiten entstehen müssen. Wenn gemeinsame Lebenserhaltung statt Profitstreben zur Grundlage der Vereinigung der Menschen und gegenseitiger Hilfe wird, öffnen sich alle Möglichkeiten lokaler Kontrolle, individueller Initiative und wirklicher Gerechtigkeit.

KRITIK AN HERBERT READ'S PHILOSOPHIE
AUS ANARCHISTISCHER SICHT

Herbert Read kann sich, um in seiner Ausdrucksform zu bleiben, "kein System der Gerechtigkeit ohne Apparat vorstellen, der dessen Prinzipen feststellt und verwaltet". Herbert Read zweifelt somit daran, daß es möglich sei, daß Alle Garanten der Gerechtigkeit seien, oder treffend gesagt, er zweifelt an der Möglichkeit der Herrschaftslosigkeit, des Anarchismus, denn ein Apparat kann nur wirksam sein, wenn andere Menschen sich ihm fügen, womit die Gefügigen logischerweise nicht mehr frei sind, sich ihrer Freiheit begeben oder vergewaltigt werden. Träumt Herbert Read von Maßgeblichkeit (Archie) der Vernünftigen und Guten über die "Unvernünftigen und Asozialen"? Dann studiere er ein wenig Geschichte über das Wesen der Archie oder der Apparate, und warum die Anarchisten sie ablehnen.

Ferner meint Herbert Read, der Anarchismus bedürfe der Religion und sei gar eine Religion. Man liest da von Mystik usw. Wenn Herbert Read dessen bedarf, so soll er das doch nicht in Kontakt bringen mit dem Anarchismus, der sich bemüht, die Menschen aus der Kulthysterie zu lösen und ihnen eine vernünftige Erklärung aller Vorgänge bietet im Bereich dessen, was menschlich und wirtschaftlich wesentlich ist.

Wenn er weiter meint, auch die Bolschewiki tolerieren heute die Religion und fördern sie damit indirekt, bzw. sie hätten ihren Leninkult, so sieht er dabei wohl nicht, warum Stalin dies duldet. Wir haben es bei Stalin, wie auch bei den Religionsführern zu allen Zeiten, mit Elementen zu tun, denen die Religion eines der Mittel ist, um Menschen verrückt zu halten, sie nicht zum logischen Denken kommen zu lassen, um sie als Werkzeuge gebrauchen zu können.

Herbert Read bedauert, daß der Sozialismus sich ehemals nicht an die Kirche angelehnt habe, sondern an den Staat. Weiß er nichts von dem Kampf der freiheitlichen Sozialisten gegen die Staatssozialisten, und von der früheren Herrschaft der Kirche über große Erdteile, von der Inquisition usw.?

Wir wollen Herbert Read keine böswilligen Motive unterstellen, ihn aber darauf aufmerksam machen, wie alle Apparate, ob recht-wahrend, wirtschaftlich maßgebend, kulturfördernd, kulturschützend, und wie immer sie sich gaben und geben, auf Beherrschung und Ausbeutung ausgehen und sie tätigen. Auch das Christentum, dem keine sozial nützliche Lehre zugrunde liegt, bei der es mehr bedarf wie der Worte von Nächstenliebe, hat gezeigt, wohin Gotteskult und Apparate führen, wenn Menschen daran glauben und gehorchen.

Ob Herrschaft sich als autoritäre Macht aufdrängt oder uns schmeichelt, nur ausführendes Organ des Wissens und Willens aller bzw. der Mehrheit oder Minderheit der Vernünftigen und Guten zu sein: Wir kennen das Wesen aller Herrschaft, und darum sind wir Herrschaftsgegner, Anarchisten. Besser zu Beginn der Herrschaftslosigkeit diese in embryonaler Form, nie unter der Maßgeblichkeit irgendwelcher Apparate.

Möglichkeiten des Anarchismus

Es stand schon vor 1914 fest, daß der Staatssozialismus ein visionäres Ideal war, dem die
Anarchisten mit Mißtrauen gegenüber standen,
denn sie ahnten die gefährlichen Auswirkungen
propagierter Irrtümer, denen fleißig gehuldigt
wurde. Dieses Mißtrauen war auch berechtigt,
denn nach den inzwischen gemachten Erfahrungen kann man ruhig sagen, daß wir von der
Lösung des sozialen Problems noch sehr weit
entfernt sind. Viele moderne Industrienationen
finden den Staatssozialismus sehr brauchbar,
denn man braucht dabei auf die nützlichen Privilegien nicht zu verzichten.

Das Beispiel Rußlands zeigte uns mit aller
Deutlichkeit, wie eine zentralistische Organisation der Produktion und Verteilung innerhalb
eines derartigen Staatswesens funktioniert. Wen-
det man die Methoden der Rücksichtslosigkeit
und Unmenschlichkeit wirksam an, so erreicht
man die gesteckten Ziele, wenn auch viele Op-
fer auf der Strecke bleiben. In dieser Beziehung hat Hitler mit seinem Nationalsozialis-
mus, der ja auch die Tendenz zum Staatssozialismus hatte, viel gelernt. Diese Form der Organisation kann nicht ewig dauern, eben weil
sie unorganisch ist und den Notwendigkeiten
der menschlichen Natur ganz und gar nicht ent-
spricht. Antiorganische Methoden zur Stabilisie-
rung der Gesellschaft können nicht von Dauer
sein, denn man stößt hierbei auf Widerstand,
da Willkür und aufgezwungene Lasten unange-
nehm empfunden werden. Die geringste von aus-
sen herangetragene Erschütterung kann der An-
stoß zur Rebellion sein, die sich wellengleich
ausbreitet.

Die Richtigkeit einer derartigen Kritik wurde
erhärtet im Verlauf der Geschehnisse, die sich

während des spanischen Bürgerkrieges in der Zeit von 1936 – 1939 abspielten. Trotz der schwierigen Situation des Landes, trotz der Beschränkungen aller Art wurden damals die dringlichsten Aufgaben in einer wirklich vorbildlichen, idealen Manier gelöst.

Die Textilindustrie von Alcoy, die Holzindustrie von Cuenca, das Transportwesen von Barcelona boten Beispiele ermutigender Art von anarchistischer, freier, reibungsloser Zusammenarbeit, was ohne Druck und Zwang von oben mehr als zwei Jahre gut ging. Ohne die Spannungen und Belastungen des Krieges hätte dies noch viel besser geklappt, da man mit Umsicht und Ruhe viel bessere Ergebnisse erreicht.

Zum ersten Male in der Geschichte der Soziologie wurde bewiesen, daß eine Gesellschaft nach freiheitlichen, anarchistischen Plänen begründet werden kann, denn ein utopischer Wahn kann in der Praxis nicht bestehen. Die Augenscheinlichkeit dieses Erfolges war natürlich sehr vorteilhaft für die allgemeine Aktivität; Verbesserungen wurden gemacht, die im Vergleich mit anderen Systemen die Entwicklung vorteilhaft beeinflußten.

Wir wollen uns nicht in Wiederholungen gefallen; es ist nicht unsere Absicht, anarchistische Prinzipien der Produktion und Verteilung immer wieder darzustellen. Was uns interessiert, ist die vollkommene, fundamentale Bedeutung zur Schaffung einer perfekten, neuen, guten Organisation. Die Gruppierung und das lebendige, natürliche Wirken des Gebildes stellen wir uns so vor:

Die einzelnen, feststehenden Industriezweige stehen in Verbindung mit ihrer Föderation, sie sind ihr angegliedert. Diese Föderation hat ihre eigene Organisation, welche nicht starr ausgerichtet ist, sondern geschmeidig die ihr ge-

nehme Form annimmt. Die Kontrolle dieser Indu-
strien wird von den produzierenden Arbeitern
selbst ausgeübt, und das ganze ökonomische
Leben wiederum wird von einer sogenannten
Kollektivität im Fluß gehalten. Natürlich ist
diese Art von Administration selbst eine Organisation, die mit einer parlamentarischen Industrie zu vergleichen wäre, wo unter Vermei-
dung bürokratischer Auswüchse die gegenseiti-
gen Beziehungen der Kollektivitäten geregelt
werden, wo Probleme gelöst werden sollten, die
besprochen und gebilligt werden. Dieses administrative Organ hat keinen exekutiven Charakter, hier entscheidet keine auf die Spitze ge-
triebene Macht, welche sich über alles hinweg-
setzt, da alle wichtigen Entscheidungen öffent-
lich debattiert werden, wobei weder eine legis-
lative Körperschaft das letzte Wort spricht,
noch eine Minderheit versucht, ihre Privilegien
zu erhalten.

Also gemäß den kollektiven Notwendigkeiten
werden Produktion und Verteilung unter Teil-
nahme aller organisatorischen Gliederungen geregelt, wobei niemand begünstigt werden darf.
Die Gesellschaft als Ganzes wird in ihrem Aus-
maß erfaßt, aber nie wird der Einzelmensch
als ein Nichts hingestellt, denn er ist es ja,
für den die Neuerungen geschaffen werden. Ohne Schwierigkeiten wird es wohl nicht gehen,
das heißt, soll überhaupt eine freiheitliche Gesellschaftsordnung geschaffen werden, so muß
eine lange Periode der Vorarbeit vorausgehen.
Dann werden auch nie solche Klüfte aufgeris-
sen, wie sie unter der zentralistischen Kontrolle des Staates sichtbar werden. Was für eine
enorme Gewalt, welche furchtbaren Anstrengun-
gen müssen in einem diktatorischen Staat gemacht werden, um das Volk zu unterdrücken;
dabei ist die Gefahr offener oder versteckter Re-
bellionen immer gegenwärtig.

Da die Produzenten zugleich die Konsumenten sind, so müssen sie sich für die Probleme der Herstellung und Verteilung der Güter interessieren. Die Praxis des Zusammenschlusses von Kräften, die Solidarität, die gegenseitige Hilfe muß geübt, muß erprobt werden. Das Bewußtsein soll gestärkt werden zur Ausübung des Kontrollrechts, zur Anteilnahme am sozialen Geschehen, der positiven Kritik, denn es heißt lernen und immer wieder lernen. Die Initiative zur Realisierung von Verbesserungen muß vorhanden sein; die Gleichheit oder besser gesagt Gleichwertigkeit soll vorausgesetzt werden, um die Ungerechtigkeiten zu beseitigen.

Es gibt nichts Ernsthafteres, nichts Problematischeres als die Einführung einer anarchistischen Gesellschafts, denn es muß sich ja einmal herausstellen, welche Vorzüge im Anarchismus enthalten sind, und was wir bisher soziologisch erlebten, war nicht wert, gepriesen zu werden.

Es ist doch unbestreitbar richtig, wie die zivilen und kriminalistischen Verfahren an den Gerichten an Umfang verlieren, wenn die Sucht, die Gier nach individuellem Eigentum eingedämmt wird. Die Aggressivität, die Korruption, die Ungerechtigkeit erhöht sich im Kraftfeld der Spannungen und Reibereien kapitalistischer Gemeinwesen. Diese gefährliche Tendenz gefährdet den Frieden der Menschen, was beim heutigen Stand der Wissenschaft zu Katastrophen führen kann, und deshalb ist die Änderung der gesellschaftlichen Struktur so ungeheuer wichtig.

Der Anarchismus mit seiner andersgearteten Konzeption zum Aufbau einer neuen Gesellschaft vertritt die optimistische Auffassung, daß es gelingen wird, einen Umschwung zu erreichen. Die Gesellschaft ist ein organisches Wesen, das nicht nur symbolisch existiert, denn Appetit und Verdauung, Instinkt und Passion, Intelligenz und Vernunft sind vorhanden; es ist etwas Lebendiges, was immer in Bewegung bleiben muß.

Ein Individuum hält sich ja auch mit seiner logischen und natürlichen Bilanz gesund, gleicht sich aus; desgleichen muß der soziale Organismus bestrebt sein, in logischer Manier das Gleichgewicht zu bewahren.

Eine Gesellschaft, welche die Tyrannei, die Armut, die Ungleichheit hinter sich gebracht hat, ist frei von der Belastung des Deliktes, sie hat Zukunft, sie lebt in der Hoffnung.

Das Bewußtsein der Schuld ist keine ideale Angelegenheit, es ist eine biologische Wahrheit, die von niemand besser erkannt worden ist als von den Anarchisten, denen man von allerlei interessiertem Vorurteil ausgehend immer andere Beweggründe unterstellt hat. Erst wenn das Bewußtsein der Unschuld an all den Auswüchsen menschlicher Schwächen vorhanden ist, begreift man die Wahrheit des Anarchismus, der populär werdend andere Auffassungen leicht verdrängt.

Über den Autor

Herbert Read (1893 - 1968) war einer der bedeutendsten englischen Kunsthistoriker. Er wirkte als Professor der Kunstgeschichte am British Museum in London. Seine politischen, sozialen und philosophischen Vorstellungen wurden u.a. wesentlich von Peter Kropotkin und Leo Tolstoi geprägt. Read befaßte sich vornehmlich mit den kulturellen und philosophischen Aspekten des Anarchismus. In seinen Werken "Sinn und Kunst" und "Erziehung durch Kunst" weist Read der Kunst einen zentralen Platz in seiner Konzeption einer libertären Gesellschaft zu. Für ihn ist jedes menschliche Wesen ein potentieller Künstler. In "Erziehung durch Kunst" unterstreicht er den Wert ästhetischer Erziehung, die seiner Auffassung nach die spontane kreative Energie der Kinder frei setzt. Read will den Anarchismus als eine Form sozialer Organisation, die der individuellen kreativen Spontaneität freien Lauf läßt, sehen.

QUELLENNACHWEIS

PHILOSOPHIE DES ANARCHISMUS wurde der Zeit-
schrift DIE FREIE GESELLSCHAFT. Monatsschrift
für Gesellschaftskritik und freiheitlichen Sozia-
lismus, Darmstadt, Nr. 31/Mai 1952 und Nr. 32/
Juni 1952 entnommen.
KRITIK AN HERBERT RAED'S PHILOSOPHIE DES
ANARCHISMUS wurde der Monatsschrift BEFREI-
UNG. Blätter für anarchistische Weltanschauung
Oktober 1952 entnommen.

April Carter

DIE POLITISCHE THEORIE DES ANARCHISMUS
128 S., 11,– DM, ISBN 3-8136-0003-3

Carters Buch über die politische Theorie des Anarchismus ist eines der wenigen neueren Bücher, das die Aktualität der anarchistischen Ideen nachweist und dies mit dessen ideenhistorischen Grundlagen untermauert. Carter belegt: Der Anarchismus ist kein Relikt der Vergangenheit.
Die anarchistischen Ideen werden auf den Prüfstand gestellt: z.B. mit der Hobb'schen Vertragstheorie, mit dem konstitutionellen Liberalismus mit dem Marxismus konfrontiert und verglichen.

*

Helmut Rüdiger

FÖDERALISMUS. Beitrag zur Geschichte der Freiheit
Vorwort Zur Aktualität des Föderalismus von Hans-Jürgen Degen
370 S., 22,– DM, ISBN 3-8136-0001-7

Rüdiger legt hier ein "Handbuch" vor für alle diejenigen, die einen theoretisch-praktischen Ausweg aus der Bürokratisierung, dem Zentralismus – der Massengesellschaft und dem Massenstaat suchen.

+ AHDE—Verlag GmbH, Postfach 129, D—1000 Berlin 61 +

»TU WAS DU WILLST«
ANARCHISMUS
Grundlagentexte
zur Theorie und Praxis

240 Seiten
17,00 DM
ISBN 3-8136-0018-1

AHDE-VERLAG GmbH
Postfach 129, D—1000 Berlin 61

"Zwischen Gorleben&Stadtleben -
Erfahrungen aus drei Jahren im
Wendland..." von Halbach/Panzer
ist der Bericht einer intensiven
Begegnung mit "Gorleben".

"Trotz vieler neuer Brennpunkte
ist Gorleben noch immer Ort der
Hoffnung, einen Einbruch in die
Atompolitik zu erzielen".

Zwischen
Gorleben & Stadtleben

Erfahrungen aus drei Jahren
Widerstand im Wendland
und im dezentralen Aktionen

Dieter Halbach & Gerd Panzer

200 Seiten
Kartoniert
16,- DM
Mit Fotos | ISBN 3-8136-0021-1

+ AHDE—Verlag GmbH, Postfach 129, D—1000 Berlin 61 +

Erich Mühsam
Befreiung der Gesellschaft vom Staat
2. erweiterte und verbesserte Ausgabe
112 Seiten/ 8 DM/ ISBN 3-87956-021-8

Erich Mühsam, Poet, Bänkelsänger, Bohemien, Literat und Revolutionär; gab als "Theoretiker des Anarchismus" zahlreiche grundlegende Schriften zum Thema Anarchismus heraus, wobei er nicht in den Fehler verfiel, dogmatisch gegen seine politischen Gegner zu argumentieren, sondern sich sogar insbesondere für eine Angleichung der Gegensätze Anarchismus-Kommunismus bemühte.

In "Die Befreiung der Gesellschaft vom Staat" geht er auf die vielfältigen Probleme ein, die die Schaffung einer herrschaftsfreien und staatenlosen Gesellschaft mit sich bringt, und entwirft eine Gesellschaftsvorstellung ohne Macht und staatliche Repressalien.
Aus dem Inhalt:
Das Weltbild des Anarchismus
Der historische Materialismus
Das soziale Bewußtsein
Selbstverantwortlichkeit des Menschen
Staatskapitalismus und Staatssozialismus
Was ist kommunistischer Anarchismus?
Der Weg des Anarchismus
Die soziale Revolution
Übergang von der kapitalistischen zur sozialistischen Wirtschaft
Aufbau der Räteorganisation
Proletarische und bürgerliche Moral

Nachwort — Hans Jörg Viesel
Über die Aktualität der anarchistischen Staatsauffassung

Bibliothek der Utopien, Archiv-Reihe
Kunst & Literatur, Frauen in der Revolution

Karin Kramer Verlag Berlin
1000 Berlin-Neukölln (44), Braunschweiger Straße 22

ARCHIV·Reihe

Michael Bakunin
Sozialpolitischer Schriftwechsel

Mit A. I. Herzen und Ogarjow
Einleitung Arthur Lehning
489 Seiten / 30,-- DM

Michael Bakunin
"Gewalt für den Körper und Verrat für die Seele?"

Ein Brief von Michael Bakunin an Sergej Netschajew
Eine Debatte über Ethik und Moral der Revolutionäre und über den "Revolutionären Katechismus"
Herausgegeben und eingeleitet von Arthur Lehning
128 Seiten / 12,80 DM